Impressum
Verlag: BABADADA GmbH, Nedderfeld 112 , 22529 Hamburg
Geschäftsführer / Verlagsleitung: Harald Hof
Druck: Books on Demand GmbH, In de Tarpen 42, 22848 Norderstedt

Imprint
Publisher: BABADADA GmbH, Nedderfeld 112 , 22529 Hamburg, Germany
Managing Director / Publishing direction: Harald Hof
Print: Books on Demand GmbH, In de Tarpen 42, 22848 Norderstedt

école

Schule

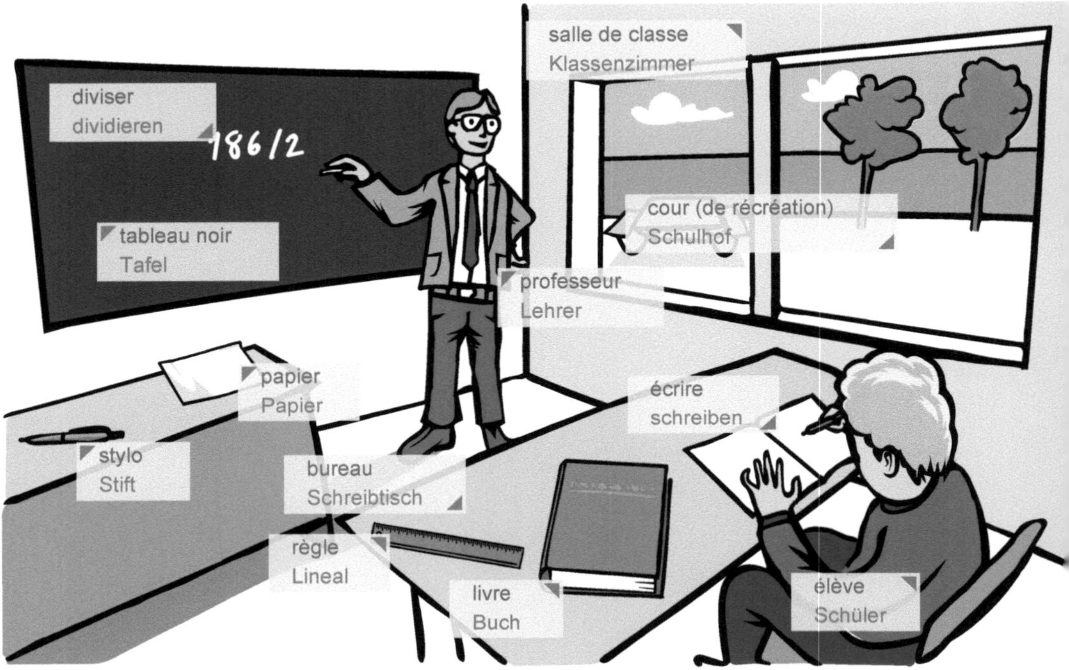
salle de classe
Klassenzimmer
diviser
dividieren
186/2
cour (de récréation)
Schulhof
tableau noir
Tafel
professeur
Lehrer
papier
Papier
écrire
schreiben
stylo
Stift
bureau
Schreibtisch
règle
Lineal
livre
Buch
élève
Schüler

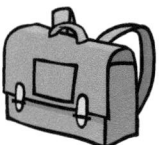

cartable

Ranzen

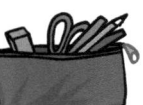

trousse

Federmappe

crayon

Bleistift

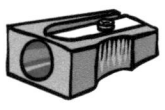

taille-crayon

Bleistiftanspitzer

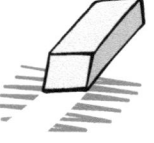

gomme

Radiergummi

carnet à dessin

Zeichenblock

dessin

Zeichnung

pinceau

Pinsel

boîte de peinture

Malkasten

ciseaux

Schere

colle

Klebstoff

cahier d'exercices

Übungsheft

devoirs

Hausaufgabe

chiffre

Zahl

additionner

addieren

soustraire

subtrahieren

multiplier

multiplizieren

calculer

rechnen

lettre

Buchstabe

alphabet

Alphabet

mot

Wort

texte
Text

lire
lesen

craie
Kreide

leçon
Stunde

livre de classe
Klassenbuch

examen
Prüfung

certificat
Zeugnis

uniforme scolaire
Schuluniform

formation
Ausbildung

lexique
Lexikon

université
Universität

microscope
Mikroskop

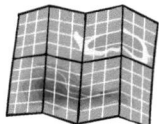

carte
Karte

corbeille à papier
Papierkorb

voyage
Reise

hôtel
Hotel
Grand
auberge
Herberge
ROOMS
bureau de change
Wechselstube
CHANGE
valise
Koffer
voiture
Auto

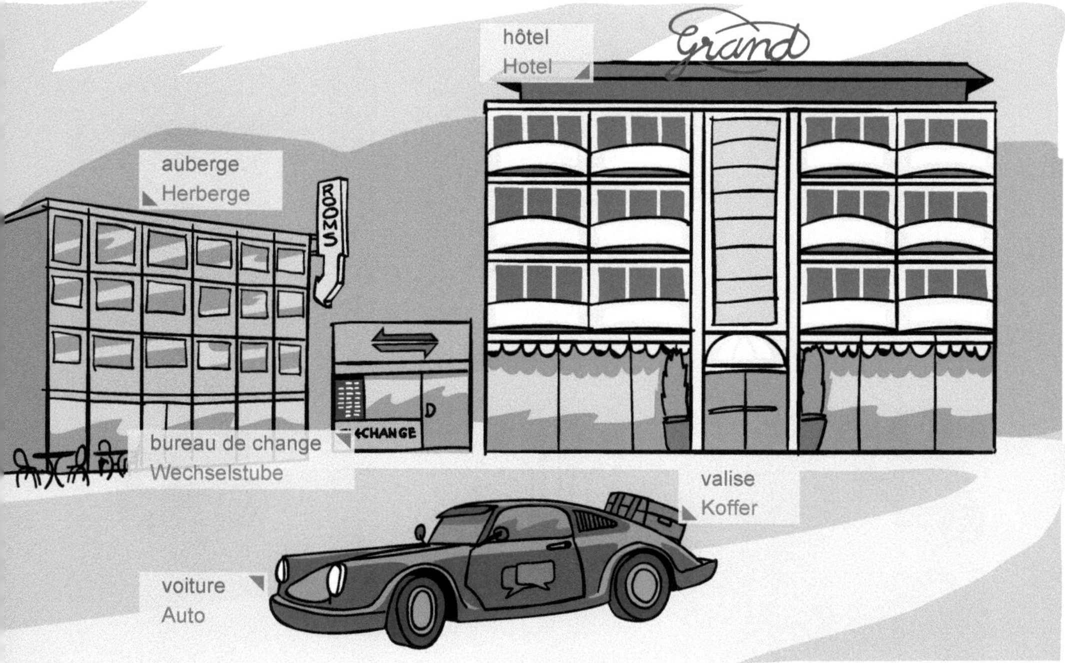

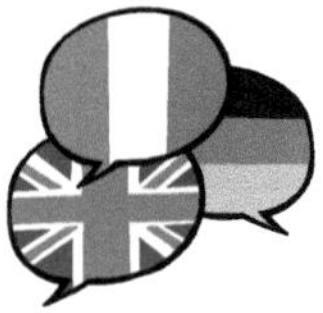

langue

Sprache

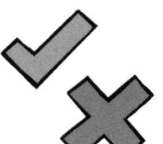

oui / non

ja / nein

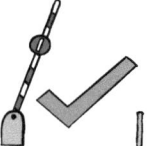

d'accord

Okay

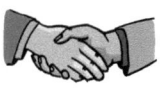

Salut

Hallo

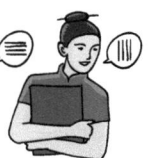

interprète

Übersetzer

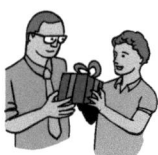

merci

Danke

Combien coûte...?

Was kostet...?

Je ne comprends pas

Ich verstehe nicht

problème

Problem

Bonsoir !

Guten Abend!

Bonjour !

Guten Morgen!

Bonne nuit !

Gute Nacht!

Au revoir

Auf Wiedersehen

direction

Richtung

bagages

Gepäck

sac

Tasche

sac-à-dos

Rucksack

hôte

Gast

pièce

Zimmer

sac de couchage

Schlafsack

tente

Zelt

office de tourisme

Touristeninformation

plage

Strand

carte de crédit

Kreditkarte

petit-déjeuner

Frühstück

déjeuner

Mittagessen

dîner

Abendessen

billet

Fahrkarte

ascenseur

Fahrstuhl

timbre

Briefmarke

frontière

Grenze

douane

Zoll

ambassade

Botschaft

visa

Visum

passeport

Pass

voyage - Reise

transport
Transport

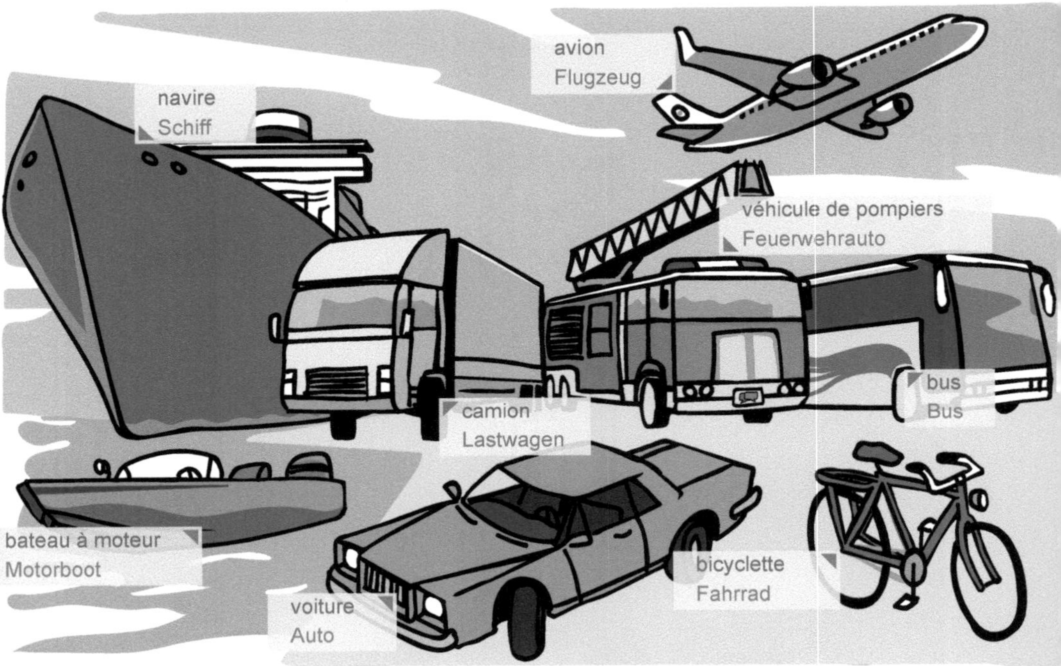

avion
Flugzeug
navire
Schiff
véhicule de pompiers
Feuerwehrauto
bus
Bus
camion
Lastwagen
bateau à moteur
Motorboot
bicyclette
Fahrrad
voiture
Auto

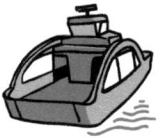

ferry

Fähre

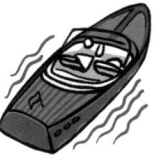

barque

Boot

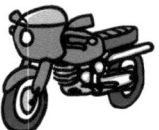

moto

Motorrad

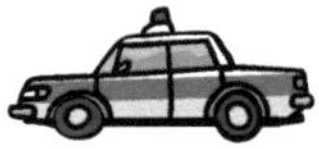

voiture de police

Polizeiauto

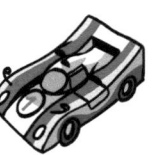

voiture de course

Rennauto

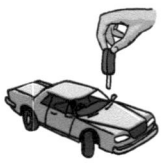

voiture de location

Mietwagen

auto-partage

Carsharing

voiture de remorquage

Abschleppwagen

benne à ordures

Müllauto

moteur

Motor

essence

Kraftstoff

station d'essence

Tankstelle

panneau indicateur

Verkehrsschild

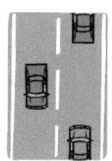

trafic

Verkehr

embouteillage

Stau

parking

Parkplatz

gare

Bahnhof

rails

Schienen

train

Zug

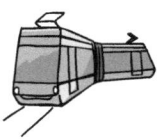

tramway

Straßenbahn

wagon

Wagon

hélicoptère

Helikopter

aéroport

Flughafen

tour

Tower

passager

Passagier

conteneur

Container

carton

Karton

chariot

Karren

corbeille

Korb

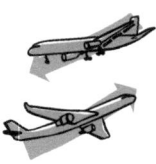

décoller / atterrir

starten / landen

ville

Stadt

village

Dorf

centre-ville

Stadtzentrum

maison

Haus

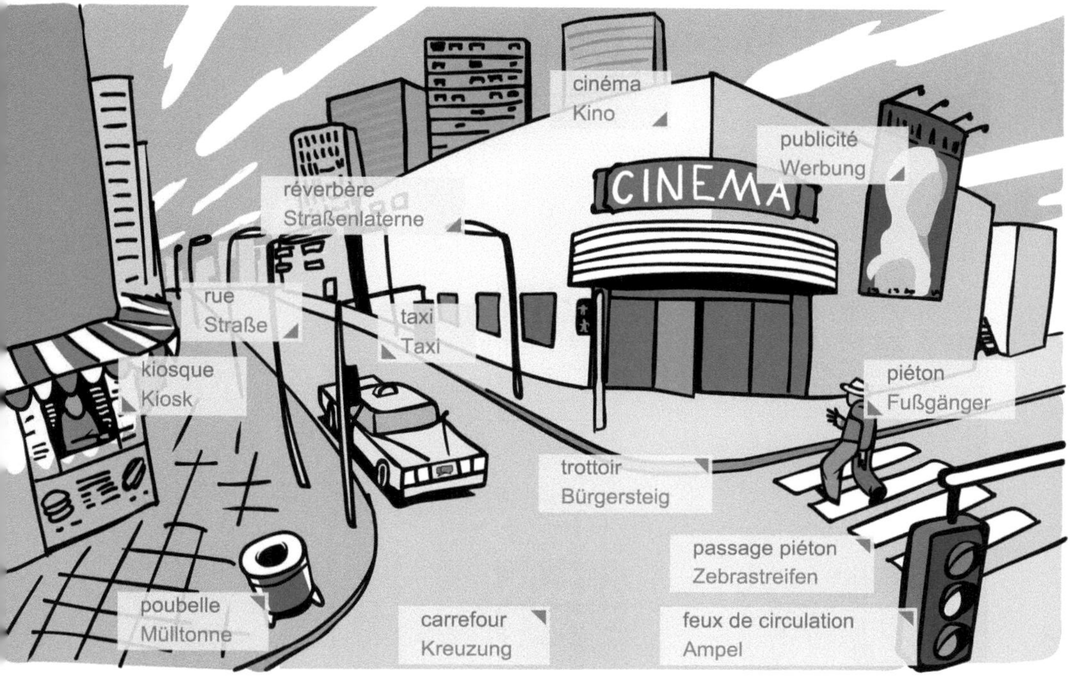

cinéma / Kino

publicité / Werbung

réverbère / Straßenlaterne

rue / Straße

taxi / Taxi

kiosque / Kiosk

piéton / Fußgänger

trottoir / Bürgersteig

passage piéton / Zebrastreifen

poubelle / Mülltonne

carrefour / Kreuzung

feux de circulation / Ampel

CINEMA

cabane
Hütte

appartement
Wohnung

gare
Bahnhof

mairie
Rathaus

musée
Museum

école
Schule

université
Universität

banque
Bank

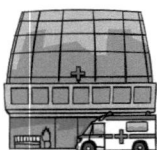

hôpital
Krankenhaus

hôtel
Hotel

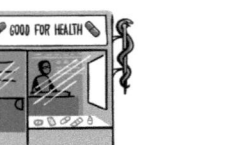

pharmacie
Apotheke

bureau
Büro

librairie
Buchhandlung

magasin
Geschäft

fleuriste
Blumenladen

supermarché
Supermarkt

marché
Markt

grand magasin
Kaufhaus

poissonnerie
Fischhändler

centre commercial
Einkaufszentrum

port
Hafen

parc

Park

banque

Bank

pont

Brücke

escaliers

Treppe

métro

U-Bahn

tunnel

Tunnel

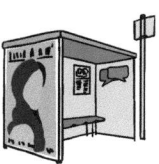

arrêt de bus

Bushaltestelle

bar

Bar

restaurant

Restaurant

boîte à lettres

Briefkasten

panneau indicateur

Straßenschild

parcmètre

Parkuhr

zoo

Zoo

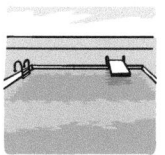

piscine

Badeanstalt

mosquée

Moschee

ferme

Bauernhof

pollution

Umweltverschmutzung

cimetière

Friedhof

église

Kirche

aire de jeux

Spielplatz

temple

Tempel

paysage
Landschaft

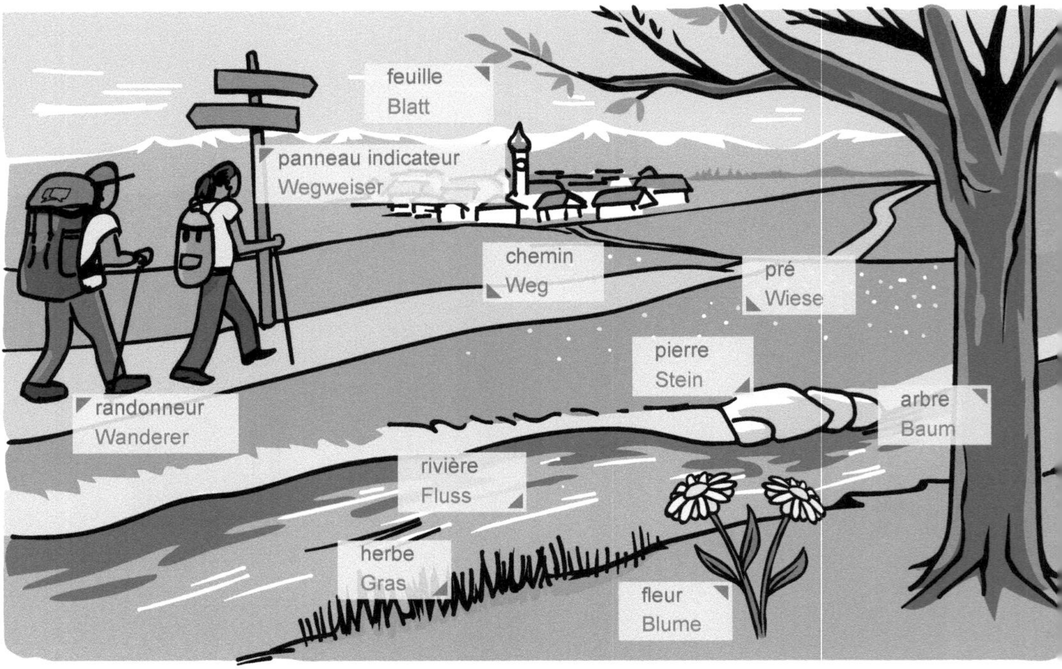

feuille
Blatt

panneau indicateur
Wegweiser

chemin
Weg

pré
Wiese

pierre
Stein

randonneur
Wanderer

arbre
Baum

rivière
Fluss

herbe
Gras

fleur
Blume

vallée

Tal

montagne

Berg

lac

See

forêt

Wald

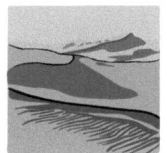

désert

Wüste

volcan

Vulkan

château

Schloss

arc-en-ciel

Regenbogen

champignon

Pilz

palmier

Palme

moustique

Moskito

mouche

Fliege

fourmis

Ameise

abeille

Biene

araignée

Spinne

coléoptère

Käfer

grenouille

Frosch

écureuil

Eichhörnchen

hérisson

Igel

lièvre

Hase

chouette

Eule

oiseau

Vogel

cygne

Schwan

sanglier

Wildschwein

cerf

Hirsch

élan

Elch

barrage

Staudamm

éolienne

Windrad

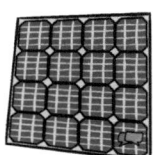

panneau solaire

Solarmodul

climat

Klima

paysage - Landschaft

restaurant
Restaurant

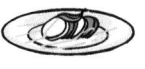

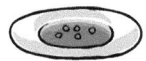

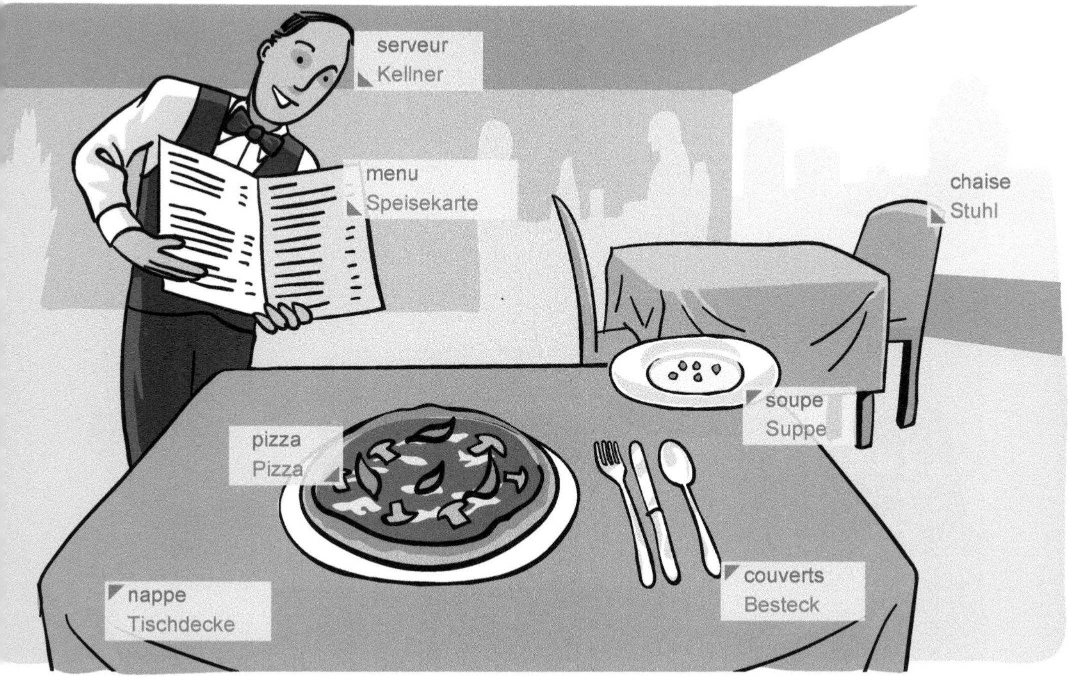
serveur
Kellner
menu
Speisekarte
chaise
Stuhl
soupe
Suppe
pizza
Pizza
couverts
Besteck
nappe
Tischdecke

hors d'œuvre
Vorspeise

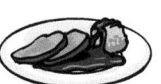

plat principal
Hauptgericht

dessert
Nachspeise

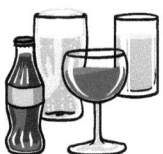

boissons
Getränke

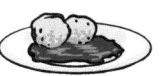

alimentation
Essen

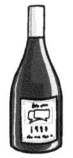

bouteille
Flasche

fast-food

Fastfood

plats à emporter

Streetfood

théière

Teekanne

sucrier

Zuckerdose

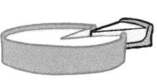

portion

Portion

machine à expresso

Espressomaschine

chaise haute

Hochstuhl

facture

Rechnung

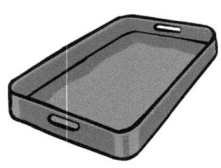

plateau

Tablett

couteau

Messer

fourchette

Gabel

cuillère

Löffel

cuillère à thé

Teelöffel

serviette

Serviette

verre

Glas

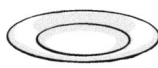

assiette

Teller

assiette à soupe

Suppenteller

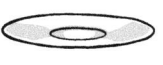

soucoupe

Untertasse

sauce

Sauce

salière

Salzstreuer

moulin à poivre

Pfeffermühle

vinaigre

Essig

huile

Öl

épices

Gewürze

ketchup

Ketchup

moutarde

Senf

mayonnaise

Mayonnaise

supermarché

Supermarkt

offre promotionnelle
Angebot
FOR
client
Kunde
produits laitiers
Milchprodukte
fruits
Obst
chariot
Einkaufswagen

BUTCHERS

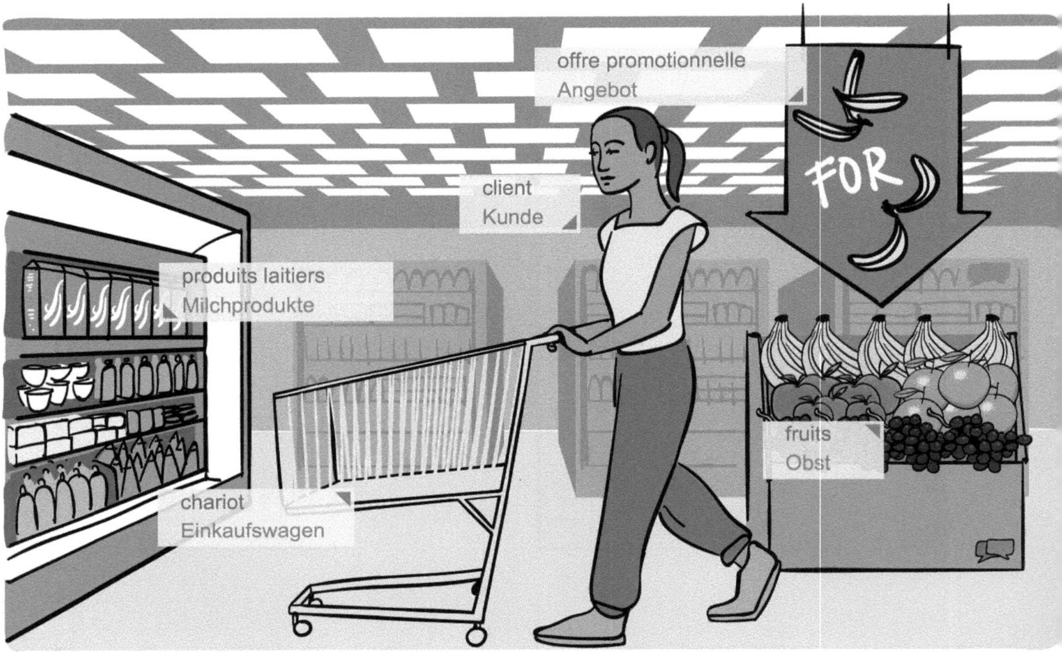

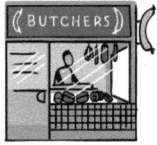

boucherie

Schlachterei

BAKERY

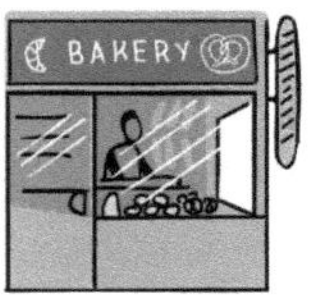

boulangerie

Bäckerei

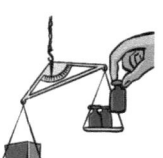

peser

wiegen

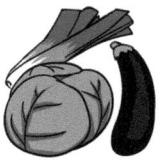

légumes

Gemüse

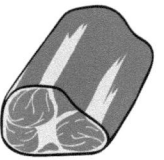

viande

Fleisch

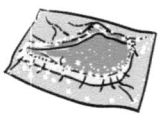

aliments surgelés

Tiefkühlkost

charcuterie

Aufschnitt

conserves

Konserven

poudre à lessive

Waschmittel

bonbons

Süßigkeiten

articles ménagers

Haushaltsartikel

détergents

Reinigungsmittel

vendeuse

Verkäuferin

caisse

Kasse

caissier

Kassierer

liste d'achats

Einkaufsliste

heures d'ouverture

Öffnungszeiten

portefeuille

Brieftasche

carte de crédit

Kreditkarte

sac

Tasche

sac en plastique

Plastiktüte

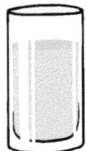

eau
Wasser

jus de fruit
Saft

lait
Milch

coca
Cola

vin
Wein

bière
Bier

alcool
Alkohol

chocolat chaud
Kakao

thé
Tee

café
Kaffee

expresso
Espresso

cappuccino
Cappuccino

banane

Banane

pomme

Apfel

orange

Orange

melon

Melone

citron

Zitrone

carotte

Karotte

ail

Knoblauch

bambou

Bambus

oignon

Zwiebel

champignon

Pilz

noisettes

Nüsse

pâtes

Nudeln

spaghetti

Spaghetti

riz

Reis

salade

Salat

pommes frites

Pommes frites

pommes de terre rôties

Bratkartoffeln

pizza

Pizza

hamburger

Hamburger

sandwich

Sandwich

escalope

Schnitzel

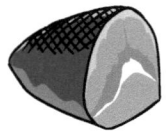

jambon

Schinken

salami

Salami

saucisse

Wurst

poulet

Huhn

rôti

Braten

poisson

Fisch

flocons d'avoine

Haferflocken

muesli

Müsli

cornflakes

Cornflakes

farine

Mehl

croissant

Croissant

petits-pains

Brötchen

pain

Brot

pain grillé

Toast

biscuits

Kekse

beurre

Butter

le fromage blanc

Quark

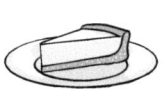

gâteau

Kuchen

œuf

Ei

œuf au plat

Spiegelei

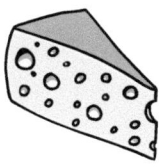

fromage

Käse

glace

Eiscreme

sucre

Zucker

miel

Honig

confiture

Marmelade

crème nougat

Nougat-Creme

curry

Curry

ferme
Bauernhof

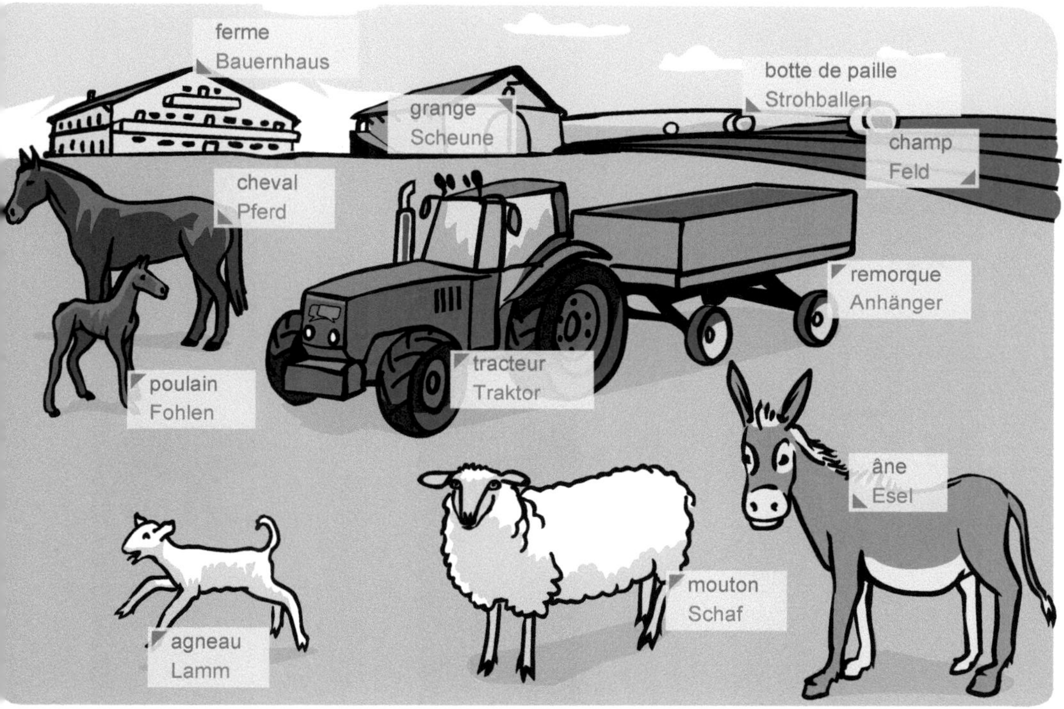
ferme
Bauernhaus
botte de paille
Strohballen
grange
Scheune
champ
Feld
cheval
Pferd
remorque
Anhänger
tracteur
Traktor
poulain
Fohlen
âne
Esel
mouton
Schaf
agneau
Lamm

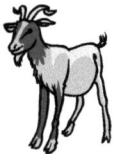

chèvre
Ziege

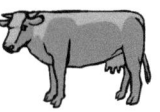

vache
Kuh

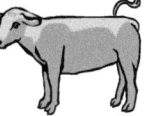

veau
Kalb

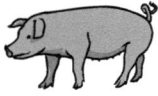

porc
Schwein

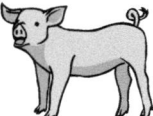

porcelet
Ferkel

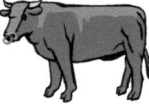

taureau
Bulle

oie

Gans

canard

Ente

poussin

Küken

poule

Huhn

coq

Hahn

rat

Ratte

chat

Katze

souris

Maus

bœuf

Ochse

chien

Hund

chenil

Hundehütte

tuyau de jardin

Gartenschlauch

arrosoir

Gießkanne

faucheuse

Sense

charrue

Pflug

faucille
Sichel

pioche
Hacke

fourche
Mistgabel

hache
Axt

brouette
Schubkarre

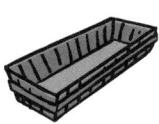

cuve
Trog

pot à lait
Milchkanne

sac
Sack

clôture
Zaun

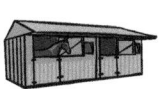

étable
Stall

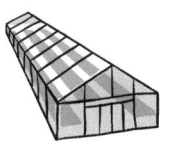

serre
Treibhaus

sol
Boden

semences
Saat

engrais
Dünger

moissonneuse-batteuse
Mähdrescher

récolter

ernten

récolte

Ernte

igname

Yamswurzel

blé

Weizen

soja

Soja

pomme de terre

Kartoffel

maïs

Mais

colza

Raps

arbre fruitier

Obstbaum

manioc

Maniok

céréales

Getreide

maison
Haus

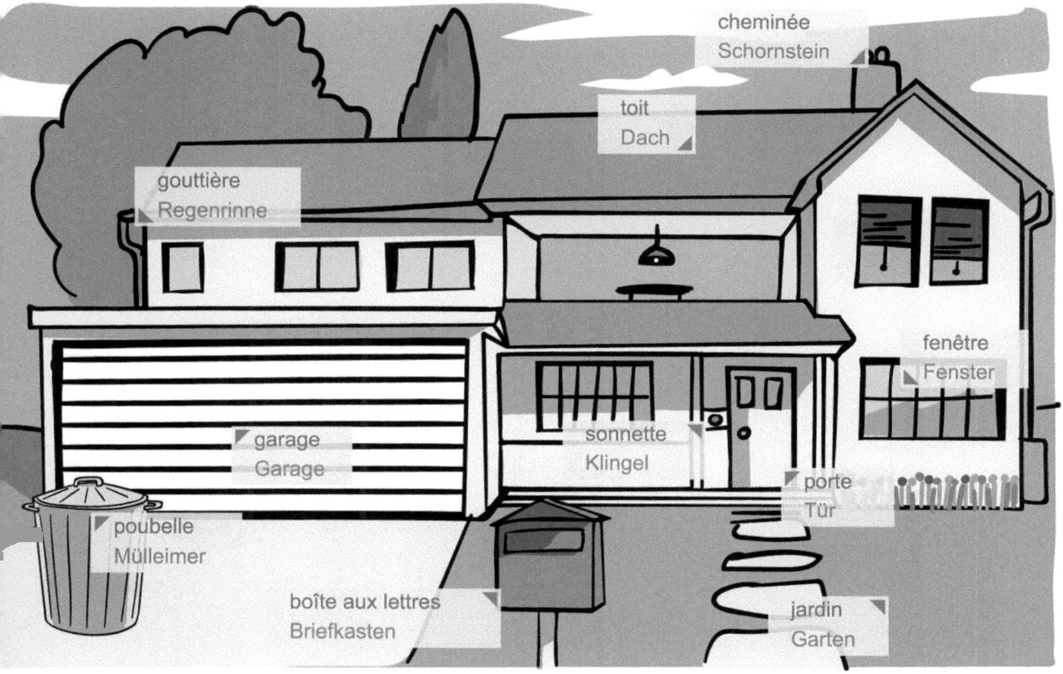
cheminée
Schornstein
toit
Dach
gouttière
Regenrinne
fenêtre
Fenster
garage
Garage
sonnette
Klingel
porte
Tür
poubelle
Mülleimer
boîte aux lettres
Briefkasten
jardin
Garten

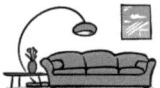

salon

Wohnzimmer

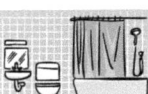

salle de bain

Badezimmer

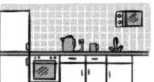

cuisine

Küche

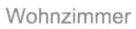

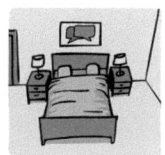

chambre à coucher

Schlafzimmer

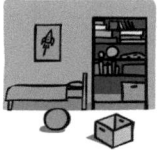

chambre d'enfant

Kinderzimmer

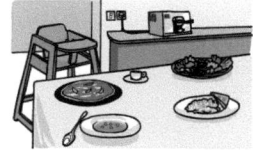

salle à manger

Esszimmer

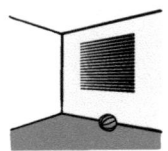

sol

Boden

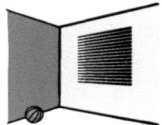

mur

Wand

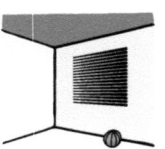

plafond

Decke

cave

Keller

sauna

Sauna

balcon

Balkon

terrasse

Terrasse

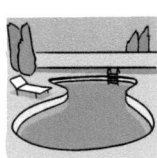

piscine

Schwimmbad

tondeuse à gazon

Rasenmäher

housse

Bettbezug

couette

Bettdecke

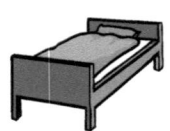

lit

Bett

balai

Besen

sceau

Eimer

interrupteur

Schalter

salon
Wohnzimmer

papier peint
Tapete
image
Bild
lampe
Lampe
étagère
Regal
armoire
Schrank
télé
Fernseher
cheminée
Kamin
fleur
Blume
coussin
Kissen
sofa
Sofa
vase
Vase
télécommande
Fernbedienung

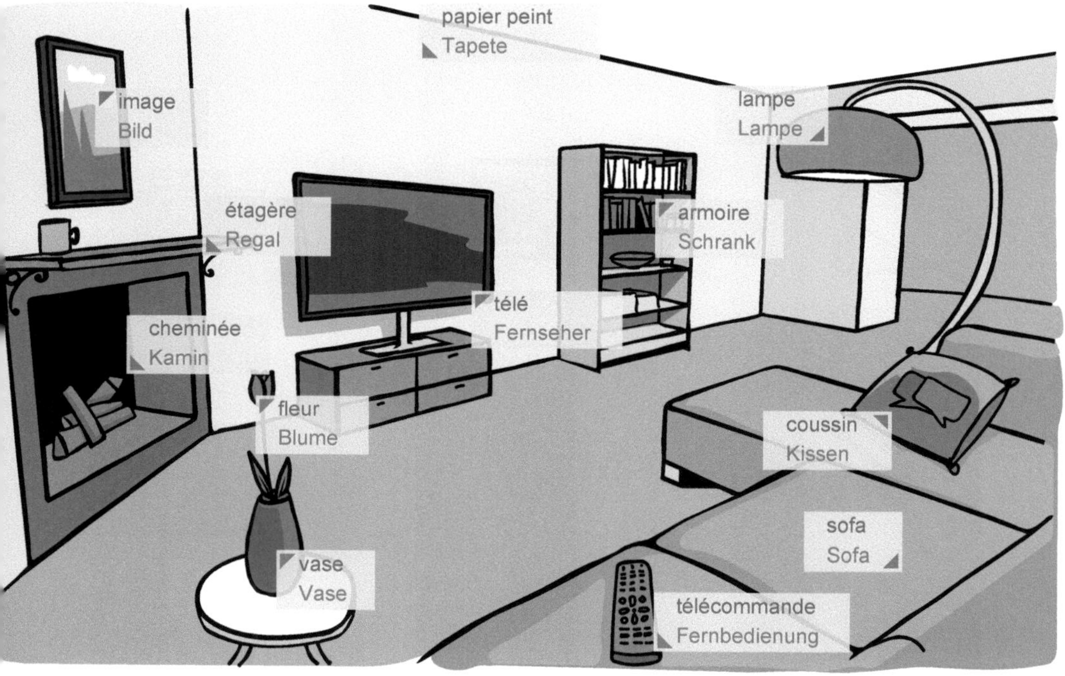

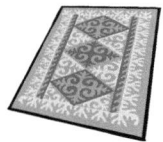

tapis
Teppich

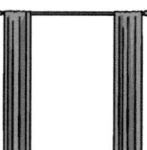

rideau
Vorhang

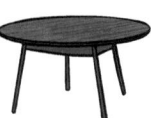

table
Tisch

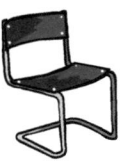

chaise
Stuhl

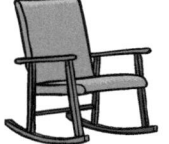

chaise à bascule
Schaukelstuhl

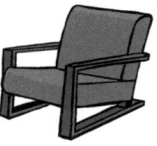

fauteuil
Sessel

livre

Buch

couverture

Decke

décoration

Dekoration

bois de chauffage

Feuerholz

film

Film

chaîne hi-fi

Stereoanlage

clé

Schlüssel

journal

Zeitung

peinture

Gemälde

poster

Poster

radio

Radio

bloc-notes

Notizblock

aspirateur

Staubsauger

cactus

Kaktus

bougie

Kerze

salon - Wohnzimmer

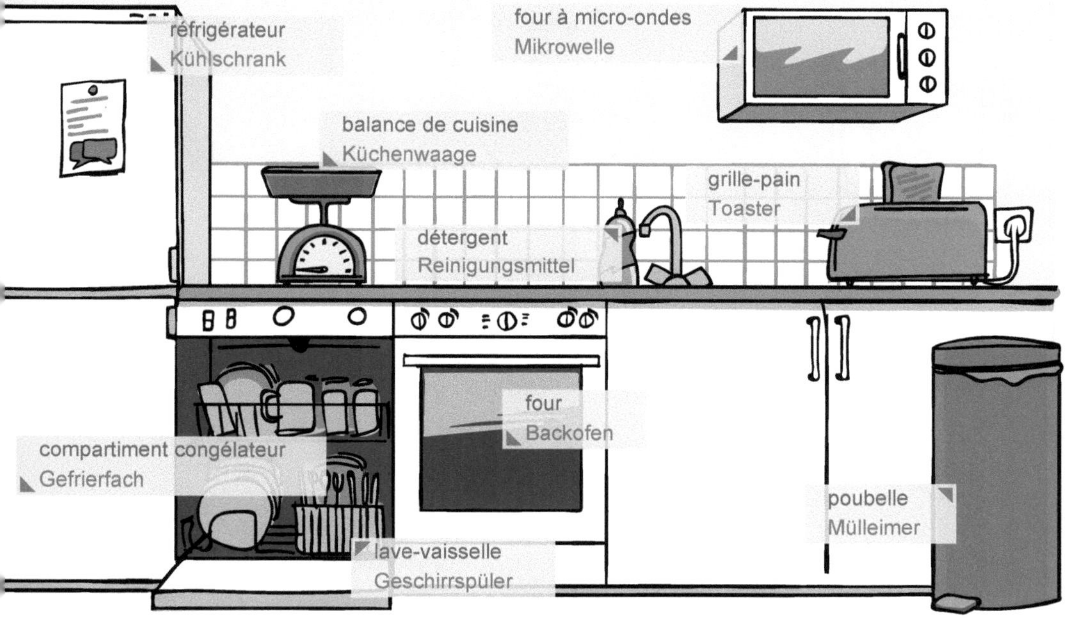

réfrigérateur
Kühlschrank

four à micro-ondes
Mikrowelle

balance de cuisine
Küchenwaage

grille-pain
Toaster

détergent
Reinigungsmittel

four
Backofen

compartiment congélateur
Gefrierfach

poubelle
Mülleimer

lave-vaisselle
Geschirrspüler

four
Herd

casserole
Topf

marmite
Eisentopf

wok / kadai
Wok / Kadai

poêle
Pfanne

bouilloire electrique
Wasserkocher

cuiseur vapeur

Dampfgarer

plaque de cuisson

Backblech

vaisselle

Geschirr

gobelet

Becher

coupe

Schale

baguettes

Essstäbchen

louche

Suppenkelle

spatule

Pfannenwender

fouet

Schneebesen

passoire

Kochsieb

tamis

Sieb

râpe

Reibe

mortier

Mörser

barbecue

Grill

cheminée

Feuerstelle

planche à découper

Schneidebrett

rouleau à pâtisserie

Nudelholz

tire-bouchon

Korkenzieher

boîte

Dose

ouvre-boîte

Dosenöffner

maniques

Topflappen

lavabo

Waschbecken

brosse

Bürste

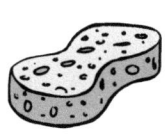

éponge

Schwamm

mixeur

Mixer

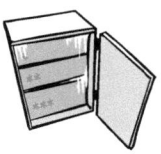

congélateur

Gefriertruhe

biberon

Babyflasche

robinet

Wasserhahn

salle de bain
Badezimmer

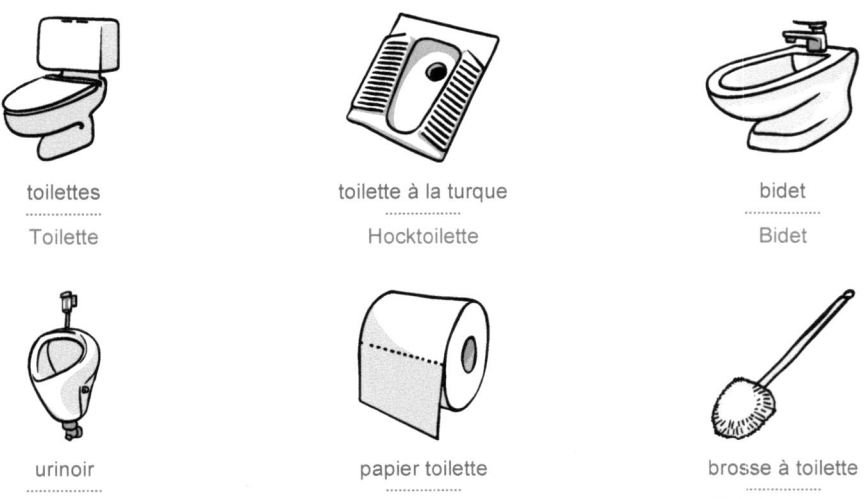

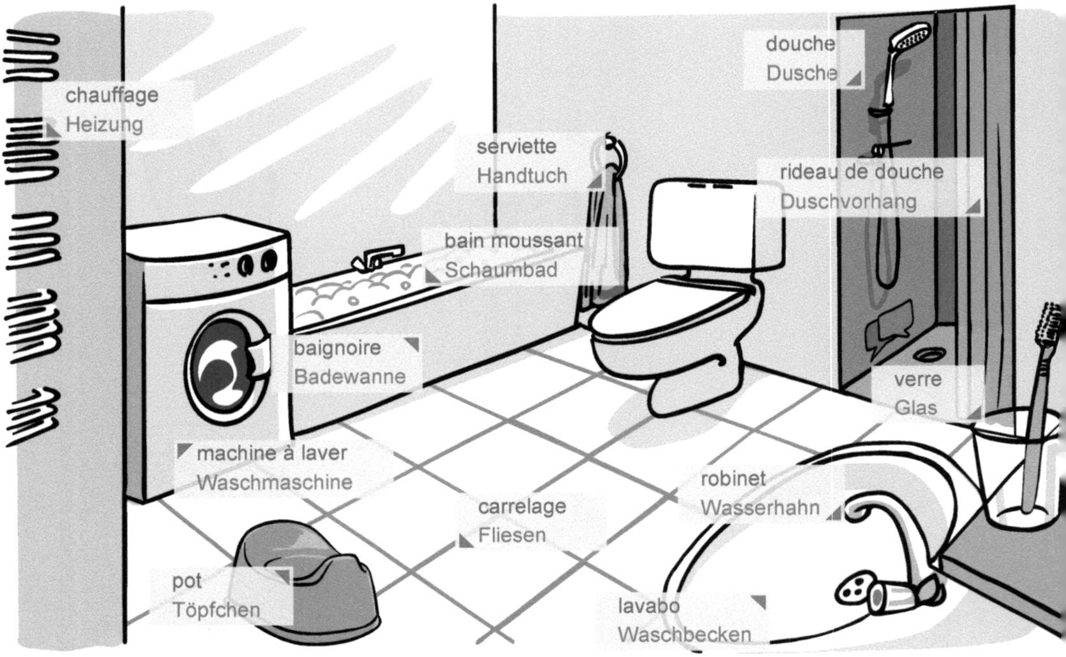
chauffage
Heizung
serviette
Handtuch
douche
Dusche
rideau de douche
Duschvorhang
bain moussant
Schaumbad
baignoire
Badewanne
verre
Glas
machine à laver
Waschmaschine
robinet
Wasserhahn
carrelage
Fliesen
pot
Töpfchen
lavabo
Waschbecken

toilettes

Toilette

toilette à la turque

Hocktoilette

bidet

Bidet

urinoir

Pissoir

papier toilette

Toilettenpapier

brosse à toilette

Toilettenbürste

brosse à dents

Zahnbürste

dentifrice

Zahnpasta

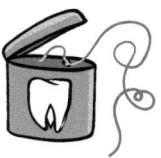

fil dentaire

Zahnseide

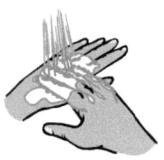

laver

waschen

douche manuelle

Handbrause

douche intime

Intimdusche

vasque

Waschschüssel

brosse dorsale

Rückenbürste

savon

Seife

gel douche

Duschgel

shampooing

Shampoo

gant de toilette

Waschlappen

écoulement

Abfluss

crème

Creme

déodorant

Deodorant

salle de bain - Badezimmer

miroir
....
Spiegel

miroir cosmétique
....
Kosmetikspiegel

rasoir
....
Rasierer

mousse à raser
....
Rasierschaum

après-rasage
....
Rasierwasser

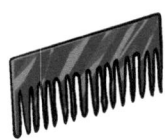

peigne
....
Kamm

brosse
....
Bürste

sèche-cheveux
....
Föhn

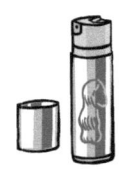

laque pour cheveux
....
Haarspray

fond de teint
....
Makeup

rouge à lèvres
....
Lippenstift

vernis à ongles
....
Nagellack

ouate
....
Watte

coupe-ongles
....
Nagelschere

parfum
....
Parfum

trousse de toilette

Kulturbeutel

tabouret

Hocker

pèse-personne

Waage

peignoir

Bademantel

gants de nettoyage

Gummihandschuhe

tampon

Tampon

serviettes hygiéniques

Damenbinde

toilette chimique

Chemietoilette

chambre d'enfant
Kinderzimmer

réveil
Wecker
doudou
Kuscheltier
voiture jouet
Spielzeugauto
hochet
Rassel
maison de poupée
Puppenhaus
cadeau
Geschenk

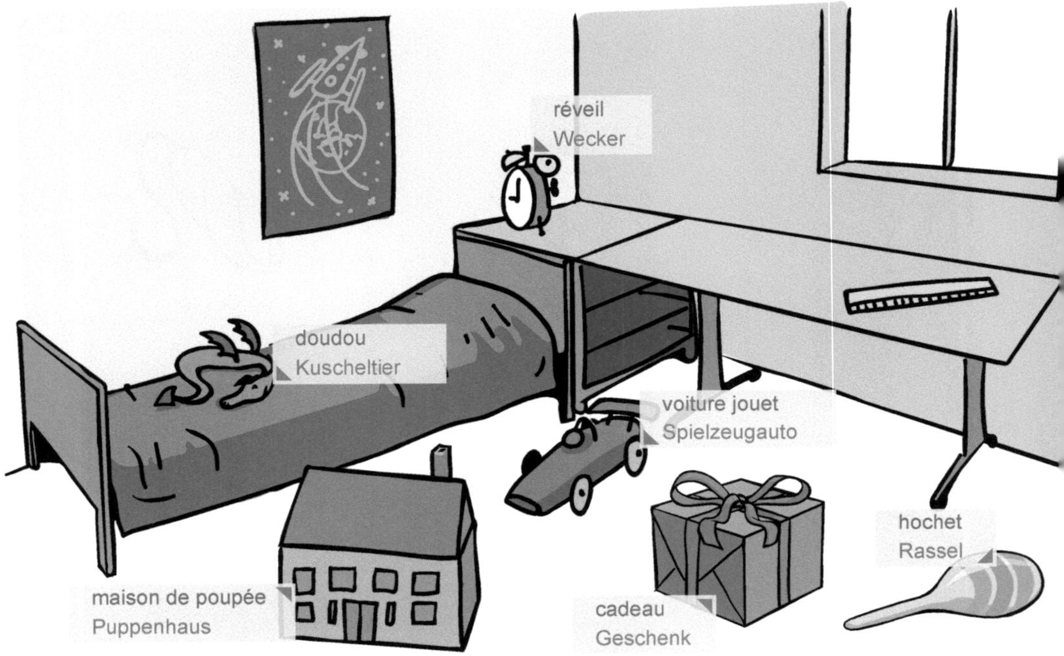

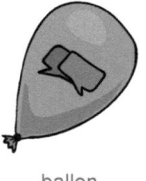

ballon

Ballon

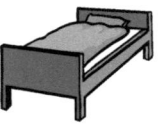

lit

Bett

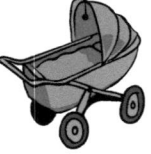

poussette

Kinderwagen

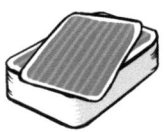

jeu de cartes

Kartenspiel

puzzle

Puzzle

SUPER
MEGA

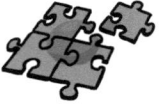

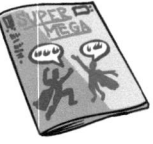

bande dessinée

Comic

pièces lego

Legosteine

blocs de construction

Bausteine

figurine

Action Figur

grenouillère

Strampelanzug

frisbee

Frisbee

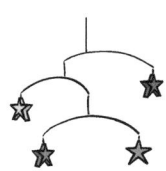

mobile

Mobile

jeu de société

Brettspiel

dé

Würfel

train miniature

Modelleisenbahn

sucette

Schnuller

fête

Party

livre d'images

Bilderbuch

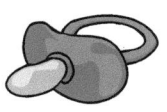

balle

Ball

poupée

Puppe

jouer

spielen

bac à sable

Sandkasten

balançoire

Schaukel

jouets

Spielzeug

console de jeu

Spielkonsole

tricycle

Dreirad

ours en peluche

Teddy

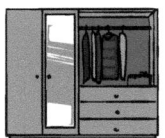

armoire

Kleiderschrank

vêtements
Kleidung

chaussettes

Socken

bas

Strümpfe

collant

Strumpfhose

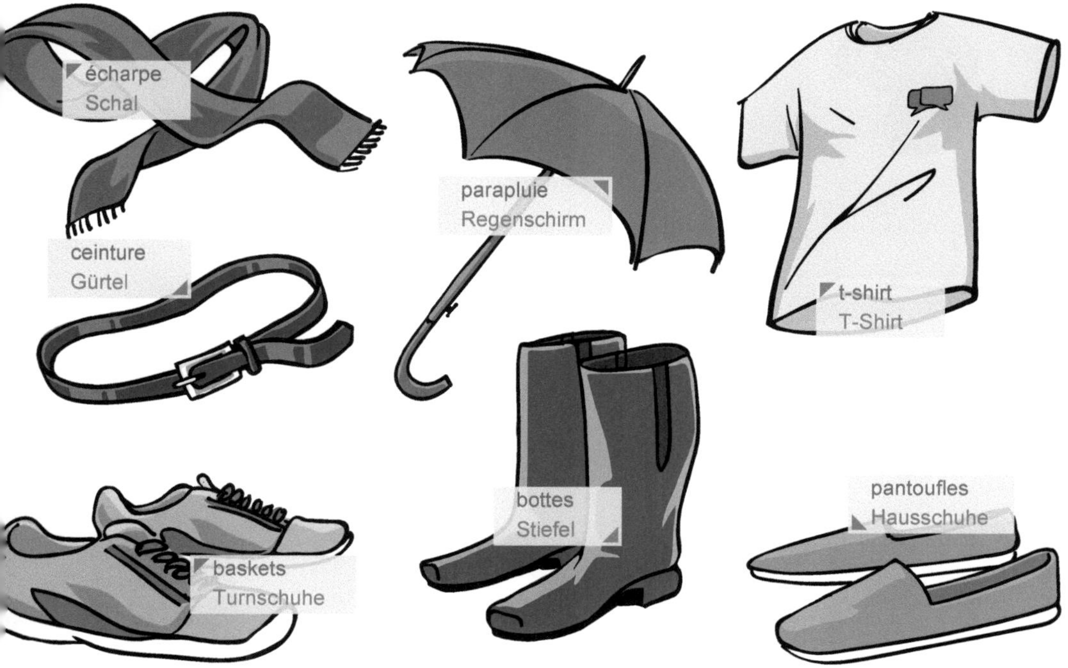

écharpe
Schal

ceinture
Gürtel

parapluie
Regenschirm

t-shirt
T-Shirt

bottes
Stiefel

pantoufles
Hausschuhe

baskets
Turnschuhe

sandales
....
Sandalen

chaussures
....
Schuhe

bottes de caoutchouc
....
Gummistiefel

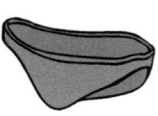

sous-vêtements
....
Unterhose

soutien-gorge
....
Büstenhalter

maillot de corps
....
Unterhemd

body
Body

pantalon
Hose

jean
Jeans

jupe
Rock

chemisier
Bluse

chemise
Hemd

pull
Pullover

sweat à capuche
Kapuzenpullover

veste
Blazer

veste
Jacke

manteau
Mantel

imperméable
Regenmantel

costume
Kostüm

robe
Kleid

robe de mariée
Hochzeitskleid

costume

Anzug

chemise de nuit

Nachthemd

pyjama

Schlafanzug

sari

Sari

foulard

Kopftuch

turban

Turban

burqa

Burka

caftan

Kaftan

abaya

Abaya

maillot de bain

Badeanzug

maillot de bain

Badehose

short

Kurze Hose

tenue d'entraînement

Trainingsanzug

tablier

Schürze

gants

Handschuhe

bouton
Knopf

lunettes
Brille

bracelet
Armband

collier
Halskette

bague
Ring

boucle d'oreille
Ohrring

bonnet
Mütze

cintre
Kleiderbügel

chapeau
Hut

cravate
Krawatte

fermeture éclair
Reißverschluss

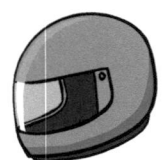

casque
Helm

bretelles
Hosenträger

uniforme scolaire
Schuluniform

uniforme
Uniform

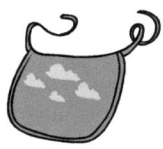

bavoir

Lätzchen

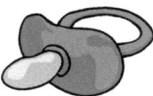

sucette

Schnuller

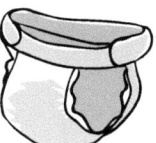

lange

Windel

bureau
Büro

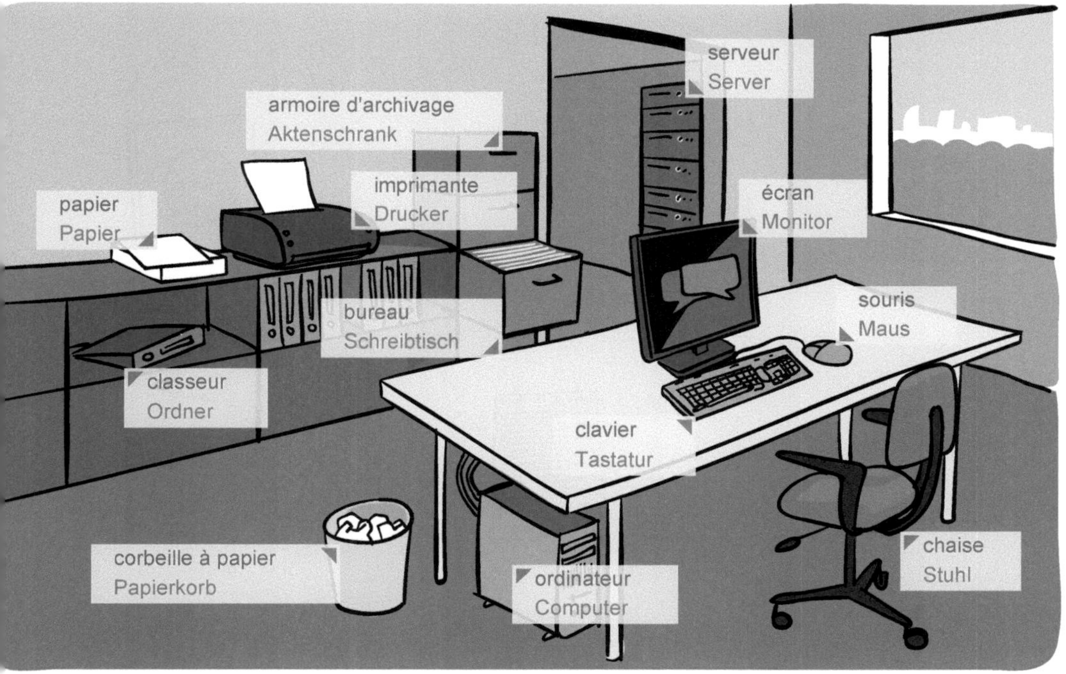

serveur
Server
armoire d'archivage
Aktenschrank
imprimante
Drucker
papier
Papier
écran
Monitor
bureau
Schreibtisch
souris
Maus
classeur
Ordner
clavier
Tastatur
corbeille à papier
Papierkorb
ordinateur
Computer
chaise
Stuhl

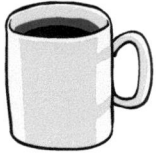

tasse de café

Kaffeebecher

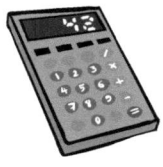

calculatrice

Taschenrechner

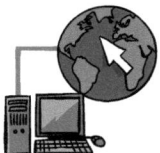

internet

Internet

ordinateur portable

Laptop

lettre

Brief

message

Nachricht

portable

Handy

réseau

Netzwerk

photocopieuse

Kopierer

logiciel

Software

téléphone

Telefon

prise

Steckdose

fax

Fax

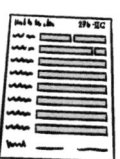

formulaire

Formular

document

Dokument

acheter

kaufen

payer

bezahlen

faire du commerce

handeln

monnaie

Geld

dollar

Dollar

euro

Euro

yen

Yen

rouble

Rubel

franc suisse

Franken

renminbi yuan

Renminbi Yuan

roupie

Rupie

distributeur automatique

Geldautomat

bureau de change
Wechselstube

or
Gold

argent
Silber

pétrole
Öl

énergie
Energie

prix
Preis

contrat
Vertrag

taxe
Steuer

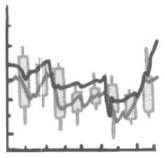

action
Aktie

travailler
arbeiten

employé
Angestellter

employeur
Arbeitgeber

usine
Fabrik

magasin
Geschäft

économie - Wirtschaft

agent de police
Polizist

pompier
Feuerwehrmann

pilote
Pilot

médecin
Arzt

cuisinier
Koch

jardinier

Gärtner

menuisier

Tischler

couturière

Näherin

juge

Richter

chimiste

Chemiker

acteur

Schauspieler

conducteur de bus

Busfahrer

chauffeur de taxi

Taxifahrer

pêcheur

Fischer

femme de ménage

Putzfrau

couvreur

Dachdecker

serveur

Kellner

chasseur

Jäger

peintre

Maler

boulanger

Bäcker

électricien

Elektriker

ouvrier

Bauarbeiter

ingénieur

Ingenieur

boucher

Schlachter

plombier

Klempner

facteur

Postbote

soldat

Soldat

architecte

Architekt

caissier

Kassierer

fleuriste

Florist

coiffeur

Friseur

contrôleur

Schaffner

mécanicien

Mechaniker

capitaine

Kapitän

dentiste

Zahnarzt

scientifique

Wissenschaftler

rabbin

Rabbi

imam

Imam

moine

Mönch

prêtre

Geistlicher

outils
Werkzeuge

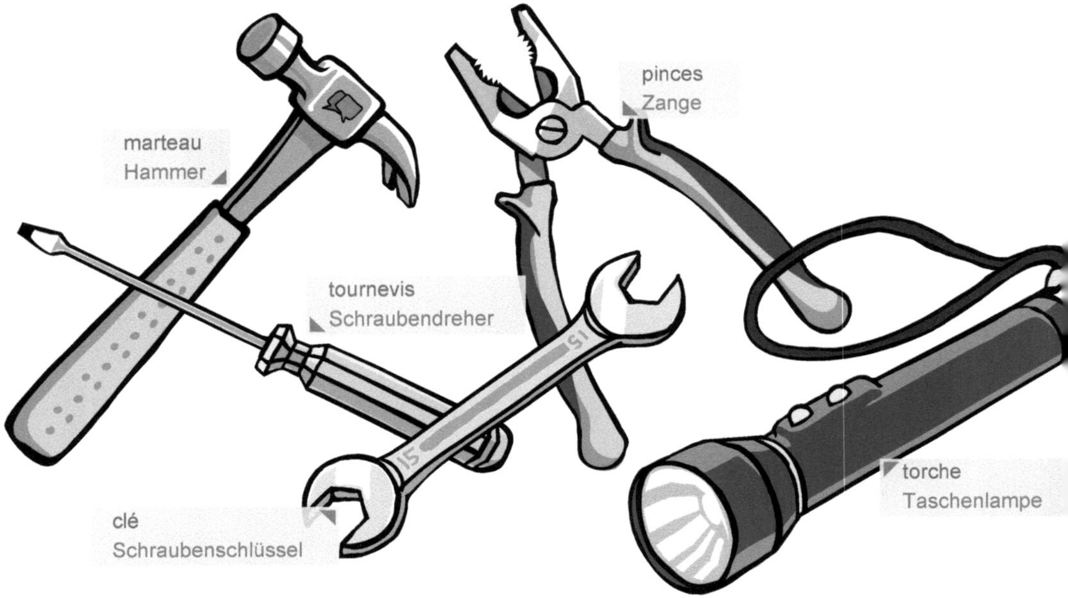
pinces
Zange
marteau
Hammer
tournevis
Schraubendreher
torche
Taschenlampe
clé
Schraubenschlüssel

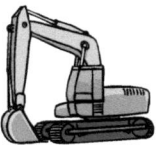

pelleteuse

Bagger

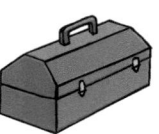

boîte à outils

Werkzeugkasten

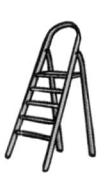

échelle

Leiter

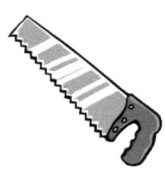

scie

Säge

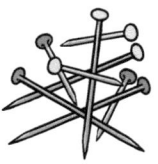

clous

Nägel

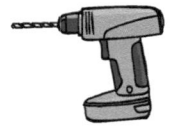

perceuse

Bohrer

réparer

reparieren

pelle

Schaufel

Mince !

Mist!

pelle

Kehrblech

pot de peinture

Farbtopf

vis

Schrauben

instruments de musique
Musikinstrumente

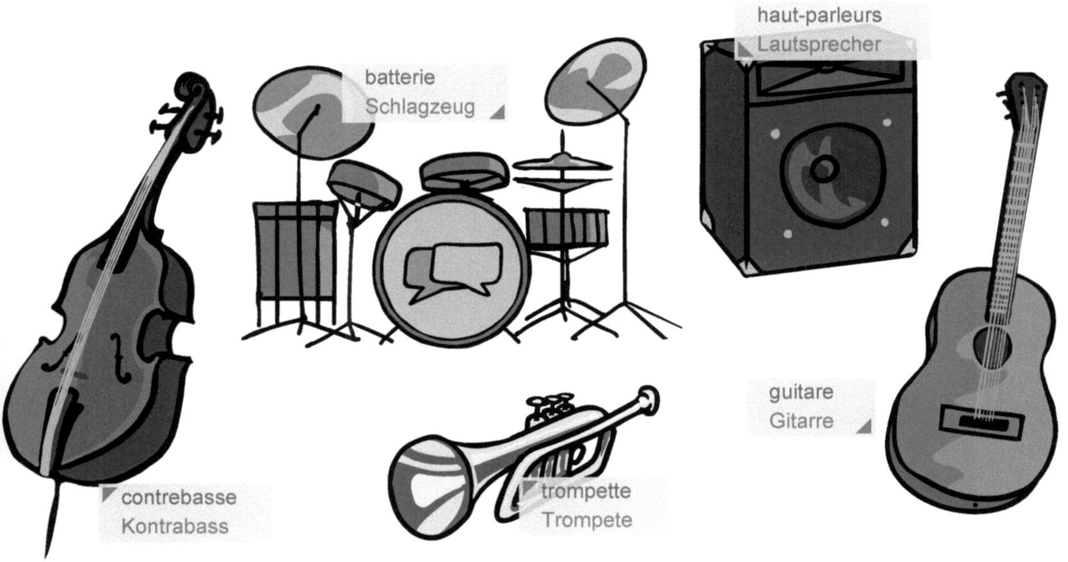

batterie
Schlagzeug

haut-parleurs
Lautsprecher

guitare
Gitarre

contrebasse
Kontrabass

trompette
Trompete

piano

Klavier

violon

Violine

basse

Bass

timbales

Pauke

tambour

Trommeln

piano électrique

Keyboard

saxophone

Saxophon

flûte

Flöte

microphone

Mikrofon

instruments de musique - Musikinstrumente

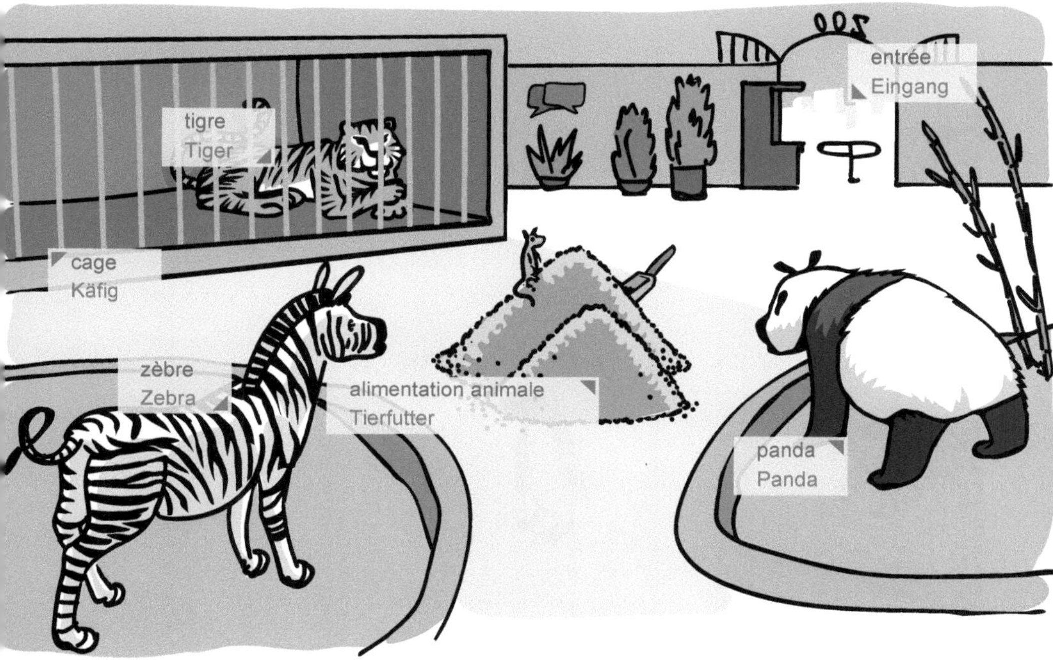

entrée
Eingang

tigre
Tiger

cage
Käfig

zèbre
Zebra

alimentation animale
Tierfutter

panda
Panda

animaux

Tiere

éléphant

Elefant

kangourou

Känguru

rhinocéros

Nashorn

gorille

Gorilla

ours

Bär

chameau

Kamel

autruche

Strauß

lion

Löwe

singe

Affe

flamand rose

Flamingo

perroquet

Papagei

ours polaire

Eisbär

pingouin

Pinguin

requin

Hai

paon

Pfau

serpent

Schlange

crocodile

Krokodil

gardien de zoo

Zoowärter

phoque

Robbe

jaguar

Jaguar

poney

Pony

léopard

Leopard

hippopotame

Nilpferd

girafe

Giraffe

aigle

Adler

sanglier

Wildschwein

poisson

Fisch

tortue

Schildkröte

morse

Walross

renard

Fuchs

gazelle

Gazelle

american Football
American Football

cyclisme
Radfahren

tennis
Tennis

basket-ball
Basketball

natation
Schwimmen

boxe
Boxen

hockey sur glace
Eishockey

football
Fußball

badminton
Badminton

athlétisme
Leichtathletik

handball
Handball

ski
Skilaufen

polo
Polo

activités
Aktivitäten

rire
lachen
sauter
springen
embrasser
umarmen
marcher
gehen
chanter
singen
rêver
träumen
prier
beten
faire la bise
küssen

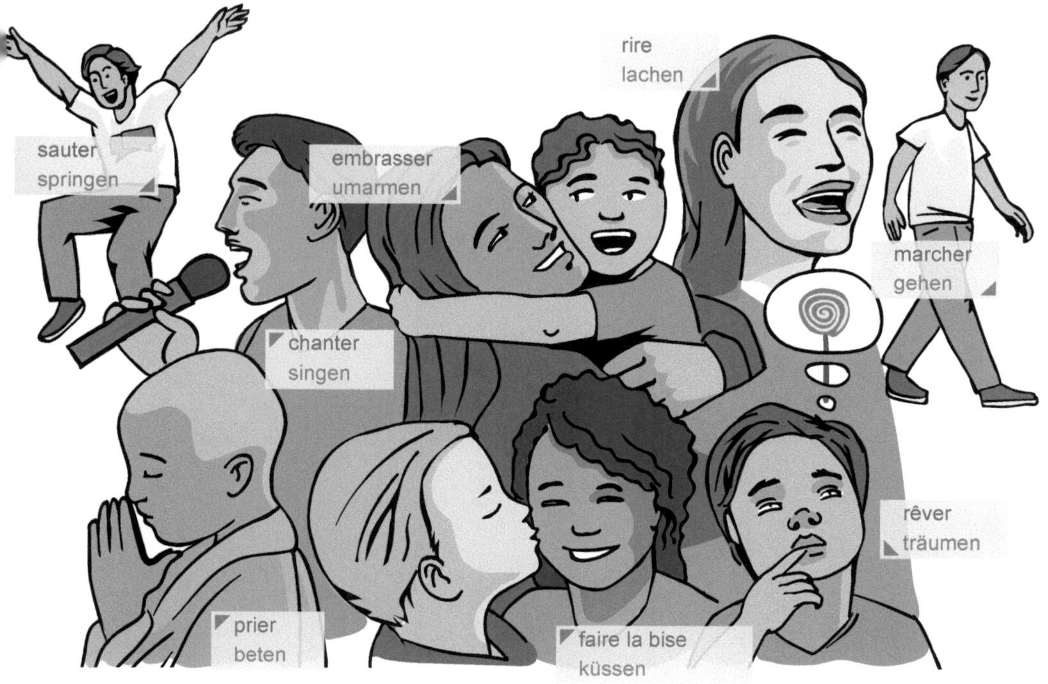

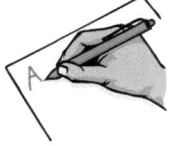

écrire
schreiben

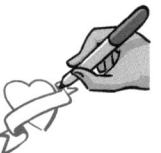

dessiner
zeichnen

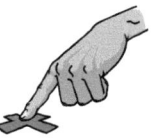

montrer
zeigen

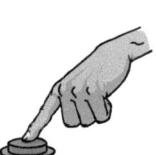

pousser
drücken

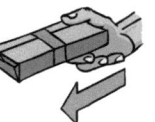

donner
geben

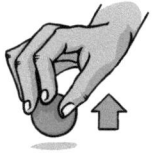

prendre
nehmen

avoir

haben

faire

tun

être

sein

être debout

stehen

courir

laufen

trier

ziehen

jeter

werfen

tomber

fallen

être couché

liegen

attendre

warten

porter

tragen

être assis

sitzen

s'habiller

anziehen

dormir

schlafen

se réveiller

aufwachen

regarder
ansehen

pleurer
weinen

caresser
streicheln

peigner
kämmen

parler
reden

comprendre
verstehen

demander
fragen

écouter
hören

boire
trinken

manger
essen

ranger
aufräumen

aimer
lieben

cuire
kochen

conduire
fahren

voler
fliegen

faire de la voile

segeln

calculer

rechnen

lire

lesen

apprendre

lernen

travailler

arbeiten

se marier

heiraten

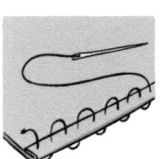

coudre

nähen

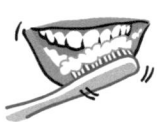

brosser les dents

Zähne putzen

tuer

töten

fumer

rauchen

envoyer

senden

activités - Aktivitäten

grand-mère
Großmutter

grand-père
Großvater

père
Vater

mère
Mutter

bébé
Baby

fille
Tochter

fils
Sohn

hôte
Gast

tante
Tante

oncle
Onkel

frère
Bruder

sœur
Schwester

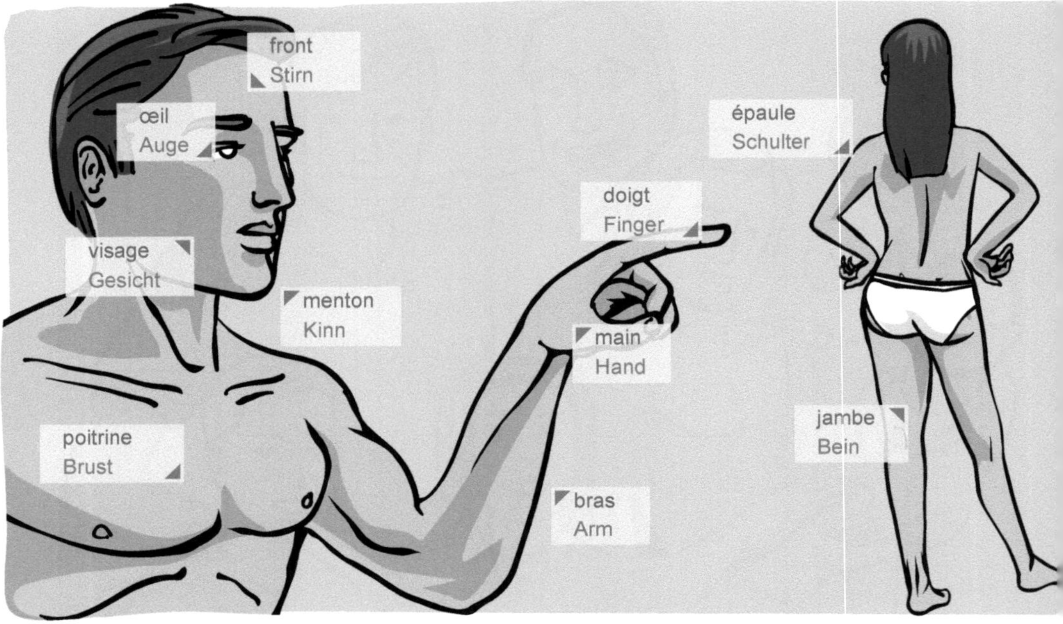

front
Stirn

œil
Auge

épaule
Schulter

doigt
Finger

visage
Gesicht

menton
Kinn

main
Hand

poitrine
Brust

jambe
Bein

bras
Arm

bébé
Baby

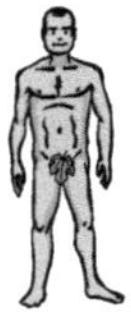

homme
Mann

femme
Frau

fille
Mädchen

garçon
Junge

tête
Kopf

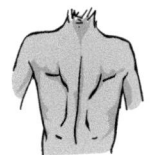

dos

Rücken

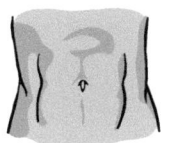

ventre

Bauch

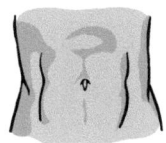

nombril

Nabel

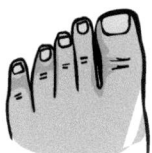

orteil

Zeh

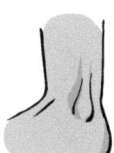

talon

Ferse

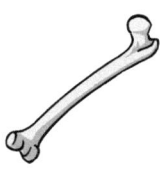

os

Knochen

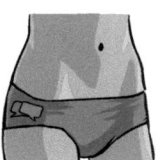

hanche

Hüfte

genou

Knie

coude

Ellenbogen

nez

Nase

fesses

Gesäß

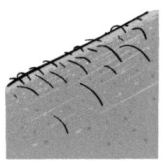

peau

Haut

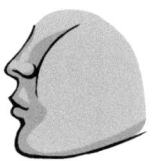

joue

Wange

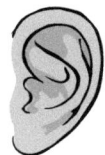

oreille

Ohr

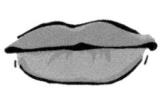

lèvre

Lippe

bouche

Mund

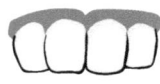

dent

Zahn

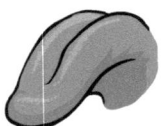

langue

Zunge

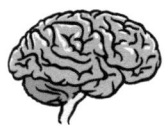

cerveau

Gehirn

cœur

Herz

muscle

Muskel

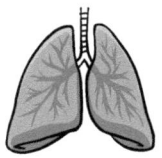

poumons

Lunge

foie

Leber

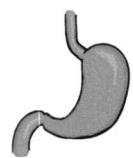

estomac

Magen

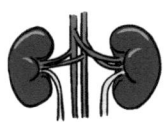

reins

Nieren

rapport sexuel

Geschlechtsverkehr

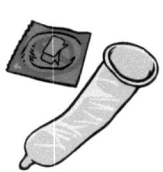

préservatif

Kondom

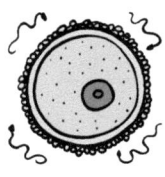

ovule

Eizelle

sperme

Sperma

grossesse

Schwangerschaft

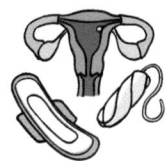

menstruation

Menstruation

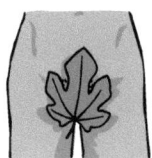

vagin

Vagina

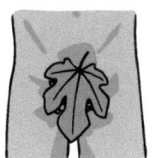

pénis

Penis

sourcil

Augenbraue

cheveux

Haar

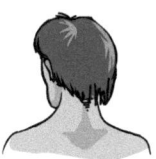

cou

Hals

hôpital
Krankenhaus

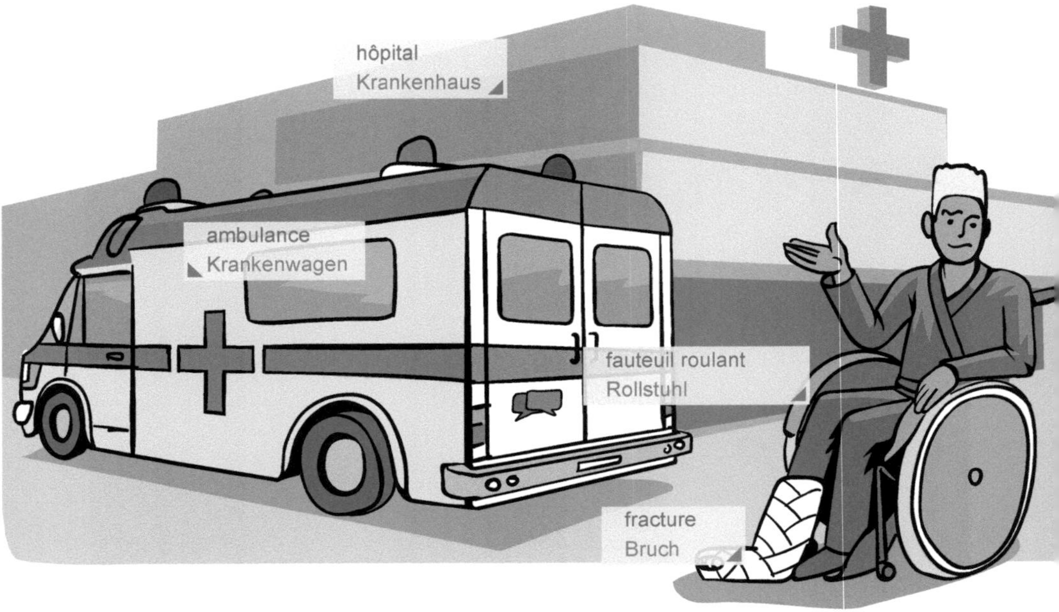

hôpital
Krankenhaus
ambulance
Krankenwagen
fauteuil roulant
Rollstuhl
fracture
Bruch

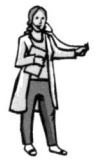

médecin
Arzt

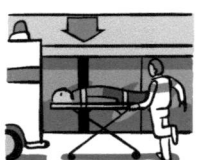

service des urgences
Notaufnahme

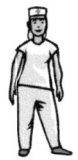

infirmière
Krankenschwester

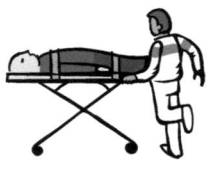

urgence
Notfall

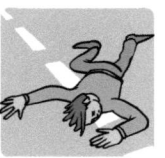

inconscient
ohnmächtig

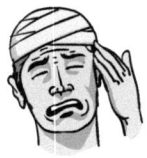

douleur
Schmerz

blessure

Verletzung

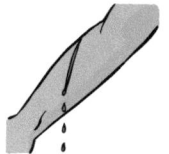

hémorragie

Blutung

crise cardiaque

Herzinfarkt

attaque cérébrale

Schlaganfall

allergie

Allergie

toux

Husten

fièvre

Fieber

grippe

Grippe

diarrhée

Durchfall

mal de tête

Kopfschmerzen

cancer

Krebs

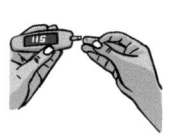

diabète

Diabetis

chirurgien

Chirurg

scalpel

Skalpell

opération

Operation

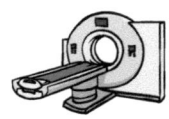

CT

CT

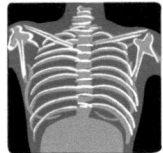

radiographie

Röntgen

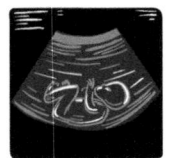

échographie

Ultraschall

masque

Maske

maladie

Krankheit

salle d'attente

Wartezimmer

béquille

Krücke

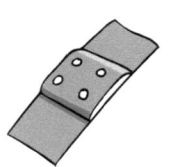

pansement

Pflaster

pansement

Verband

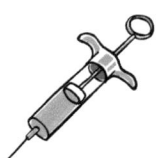

injection

Injektion

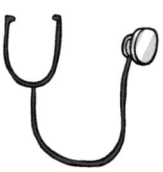

stéthoscope

Stethoskop

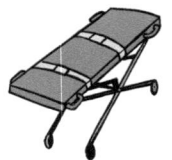

brancard

Trage

thermomètre

Thermometer

accouchement

Geburt

surcharge pondérale

Übergewicht

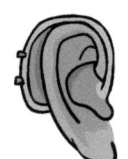

appareil auditif

Hörgerät

désinfectant

Desinfektionsmittel

infection

Infektion

virus

Virus

VIH / sida

HIV / AIDS

médicament

Medizin

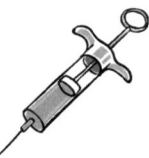

vaccination

Impfung

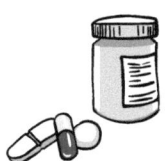

comprimés

Tabletten

pilule

Pille

appel d'urgence

Notruf

tensiomètre

Blutdruck-Messgerät

malade / sain

krank / gesund

Au secours !

Hilfe!

assaut

Überfall

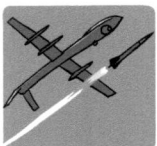

attaque

Angriff

danger

Gefahr

sortie de secours

Notausgang

Au feu!

Feuer!

extincteur

Feuerlöscher

accident

Unfall

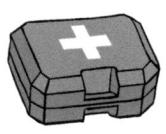

trousse de premier secours

Erste-Hilfe-Koffer

SOS

SOS

police

Polizei

Europe

Europa

Amérique du Nord

Nordamerika

Amérique du Sud

Südamerika

Afrique

Afrika

Asie

Asien

Australie

Australien

Océan atlantique

Atlantik

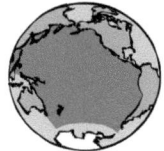

Océan pacifique

Pazifik

Océan indien

Indischer Ozean

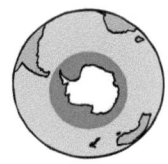

Océan antarctique

Antarktischer Ozean

Océan arctique

Arktischer Ozean

pôle nord

Nordpol

pôle sud

Südpol

Antarctique

Antarktis

terre

Erde

pays

Land

mer

Meer

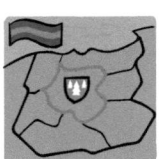

île

Insel

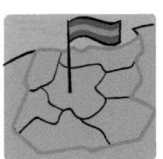

nation

Nation

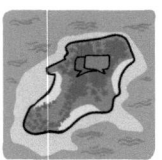

état

Staat

cadran

Zifferblatt

aiguille des heures

Stundenzeiger

aiguille des minutes

Minutenzeiger

aiguille des secondes

Sekundenzeiger

Quelle heure est-il ?

Wie spät ist es?

jour

Tag

temps

Zeit

maintenant

jetzt

montre digitale

Digitaluhr

minute

Minute

heure

Stunde

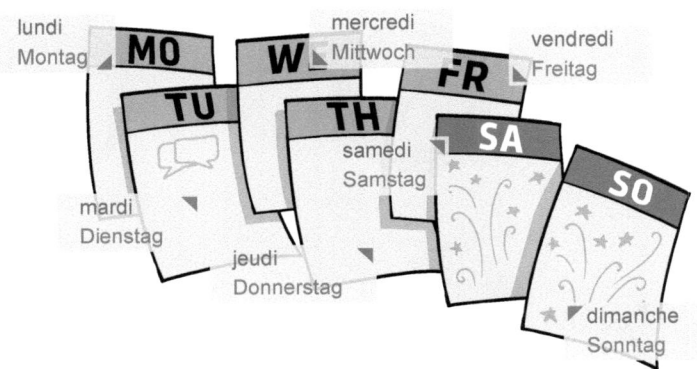

lundi
Montag

mercredi
Mittwoch

vendredi
Freitag

mardi
Dienstag

samedi
Samstag

jeudi
Donnerstag

dimanche
Sonntag

hier

gestern

aujourd'hui

heute

demain

morgen

matin

Morgen

midi

Mittag

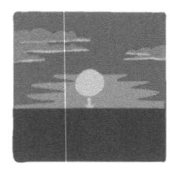

soir

Abend

jours ouvrables

Arbeitstage

week-end

Wochenende

année
Jahr

pluie
Regen
arc-en-ciel
Regenbogen
vent
Wind
neige
Schnee
printemps
Frühling
automne
Herbst
été
Sommer
hiver
Winter

4.APRIL 11°
5.APRIL 4°
6.APRIL 13°
7.APRIL 8°
8.APRIL 10°

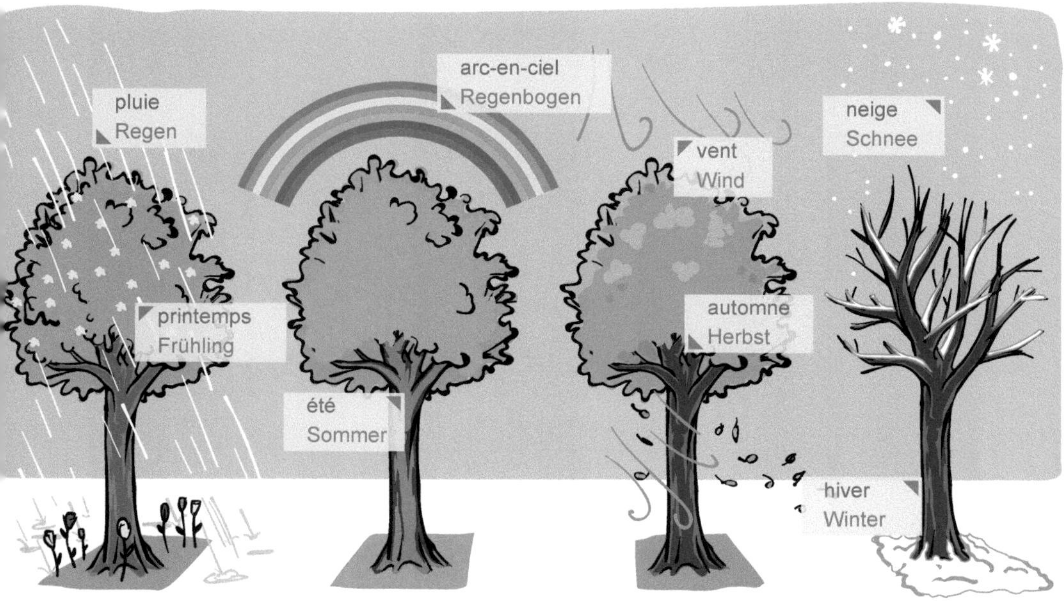

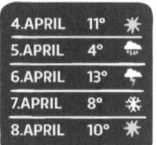

météo

Wettervorhersage

F C
120 40
90 30
60 20
30 10
0 0
-30 -10
-20

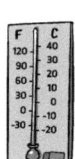

thermomètre

Thermometer

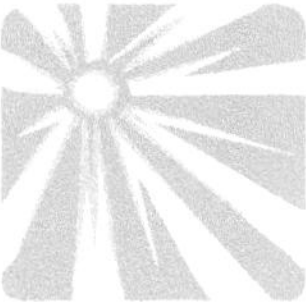

lumière du soleil

Sonnenschein

nuage

Wolke

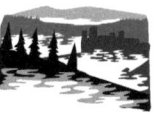

brouillard

Nebel

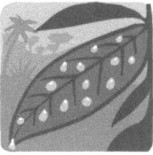

humidité

Luftfeuchtigkeit

foudre

Blitz

tonnerre

Donner

tempête

Sturm

grêle

Hagel

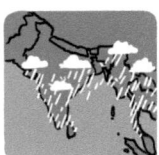

mousson

Monsun

inondation

Flut

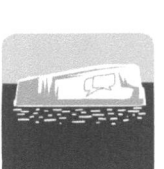

glace

Eis

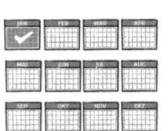

janvier

Januar

février

Februar

mars

März

avril

April

mai

Mai

juin

Juni

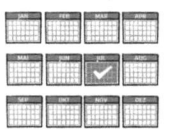

juillet

Juli

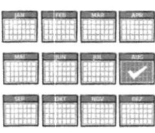

août

August

septembre
....
September

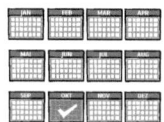

octobre
....
Oktober

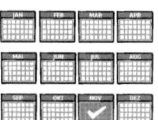

novembre
....
November

décembre
....
Dezember

cercle
....
Kreis

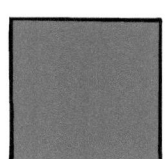

carré
....
Quadrat

rectangle
....
Rechteck

triangle
....
Dreieck

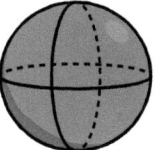

sphère
....
Kugel

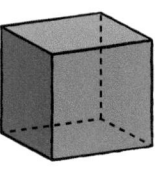

cube
....
Würfel

couleurs

Farben

blanc
....
weiß

jaune
....
gelb

orange
....
orange

rose
....
pink

rouge
....
rot

violet
....
lila

bleu
....
blau

vert
....
grün

marron
....
braun

gris
....
grau

noir
....
schwarz

beaucoup / peu

viel / wenig

fâché / calme

wütend / friedlich

joli / laid

hübsch / hässlich

début / fin

Anfang / Ende

grand / petit

groß / klein

clair / obscure

hell / dunkel

frère / soeur

Bruder / Schwester

propre / sale

sauber / schmutzig

complet / incomplet

vollständig / unvollständig

jour / nuit

Tag / Nacht

mort / vivant

tot / lebendig

large / étroit

breit / schmal

comestible / incomestible

genießbar / ungenießbar

méchant / gentil

böse / freundlich

excité / ennuyé

aufgeregt / gelangweilt

gros / mince

dick / dünn

premier / dernier

zuerst / zuletzt

ami / ennemi

Freund / Feind

plein / vide

voll / leer

dur / souple

hart / weich

lourd / léger

schwer / leicht

faim / soif

Hunger / Durst

malade / sain

krank / gesund

illégal / légal

illegal / legal

intelligent / stupide

intelligent / dumm

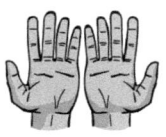

gauche / droite

links / rechts

proche / loin

nah / fern

nouveau / usé

neu / gebraucht

rien / quelque chose

nichts / etwas

vieux / jeune

alt / jung

marche / arrêt

an / aus

ouvert / fermé

offen / geschlossen

faible / fort

leise / laut

riche / pauvre

reich / arm

correct / incorrect

richtig / falsch

rugueux / lisse

rau / glatt

triste / heureux

traurig / glücklich

court / long

kurz / lang

lent / rapide

langsam / schnell

mouillé / sec

nass / trocken

chaud / froid

warm / kühl

guerre / paix

Krieg / Frieden

nombres
Zahlen

0
zéro
null

1
un / une
eins

2
deux
zwei

3
trois
drei

4
quatre
vier

5
cinq
fünf

6
six
sechs

7
sept
sieben

8
huit
acht

9
neuf
neun

10
dix
zehn

11
onze
elf

12

douze

zwölf

13

treize

dreizehn

14

quatorze

vierzehn

15

quinze

fünfzehn

16

seize

sechzehn

17

dix-sept

siebzehn

18

dix-huit

achtzehn

19

dix-neuf

neunzehn

20

vingt

zwanzig

100

cent

hundert

1.000

mille

tausend

1.000.000

million

million

anglais

Englisch

anglais américain

Amerikanisches Englisch

chinois mandarin

Chinesisch Mandarin

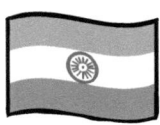

hindi

Hindi

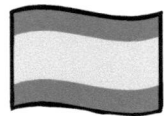

espagnol

Spanisch

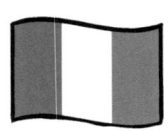

français

Französisch

arabe

Arabisch

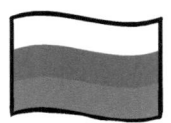

russe

Russisch

portugais

Portugiesisch

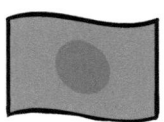

bengali

Bengalisch

allemand

Deutsch

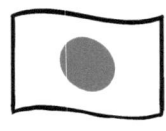

japonais

Japanisch

je

ich

tu

du

il / elle / ce, c', cela

er / sie / es

nous

wir

vous

ihr

ils / elles

sie

Qui ?

wer?

Quoi ?

was?

Comment ?

wie?

Où ?

wo?

Quand ?

wann?

nom

Name

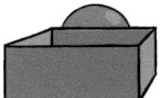

derrière

hinter

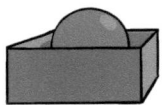

dans

in

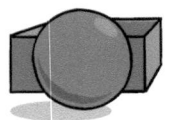

devant

vor

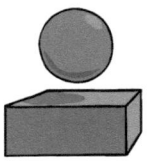

au-dessus

über

sur

auf

en-dessous

unter

à côté de

neben

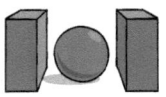

entre

zwischen

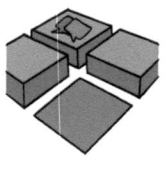

lieu

Ort